Impressum
Verlag: BABADADA GmbH, Nedderfeld 112 , 22529 Hamburg
Geschäftsführer / Verlagsleitung: Harald Hof
Druck: Books on Demand GmbH, In de Tarpen 42, 22848 Norderstedt

Imprint
Publisher: BABADADA GmbH, Nedderfeld 112 , 22529 Hamburg, Germany
Managing Director / Publishing direction: Harald Hof
Print: Books on Demand GmbH, In de Tarpen 42, 22848 Norderstedt, Germany

mekdep
ysgol

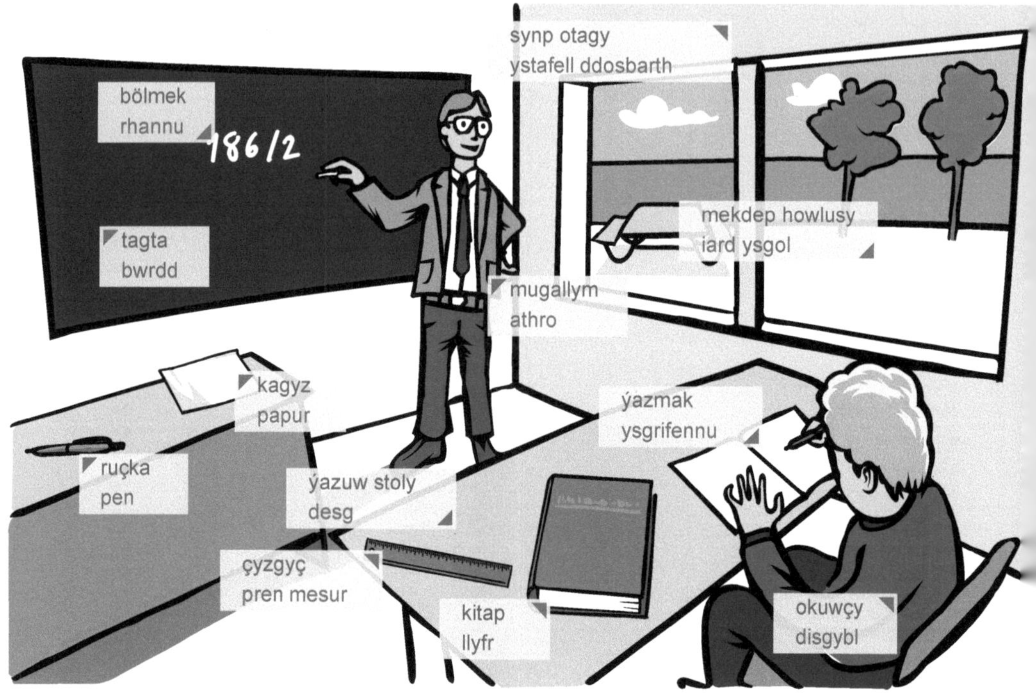
synp otagy
ystafell ddosbarth
bölmek
rhannu
186/2
tagta
bwrdd
mekdep howlusy
iard ysgol
mugallym
athro
kagyz
papur
ýazmak
ysgrifennu
ruçka
pen
ýazuw stoly
desg
çyzgyç
pren mesur
kitap
llyfr
okuwçy
disgybl

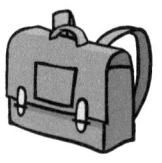

ranes

bag ysgol

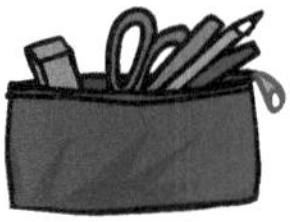

penal

blwch penseli

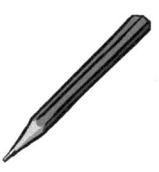

galam

pensil

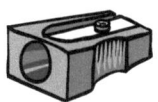

galam artylýan

peth rhoi min ar bensil

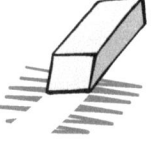

bozguç

rwber

surat çekmek üçin albom

pad arlunio

surat
llun

çotgajyk
brws paent

reňkli guty
blwch paent

gaýçy
siswrn

ýelim
glud

depder
llyfr ysgrifennu

öý işi
gwaith cartref

12

san
rhif

2+2

goşmak
ychwanegu

5-2

aýyrmak
tynnu

2×2

köpeltmek
lluosi

hasaplamak
cyfrifo

A

harp
llythyren

ABCDEFG
HIJKLMN
OPQRSTU
VWXYZ

elipbiý
gwyddor

hello

söz
gair

tekst
testun

okamak
darllen

hek
sialc

sapak
gwers

synp dergisi
cofrestr

synag
arholiad

diplom
tystysgrif

mekdep lybasy
gwisg ysgol

bilim
addysg

ensiklopediýa
gwyddoniadur

uniwersitet
prifysgol

mikroskop
microsgop

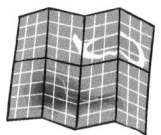

karta
map

kagyz üçin sebet
basged papur gwastraff

syýahat
teithio

myhmanhana
gwesty
syýahatçylyk bazasy
hostel
walýuta çalyşmak üçin bent
swyddfa gyfnewid
çemedan
cês dillad
awtomobil
car

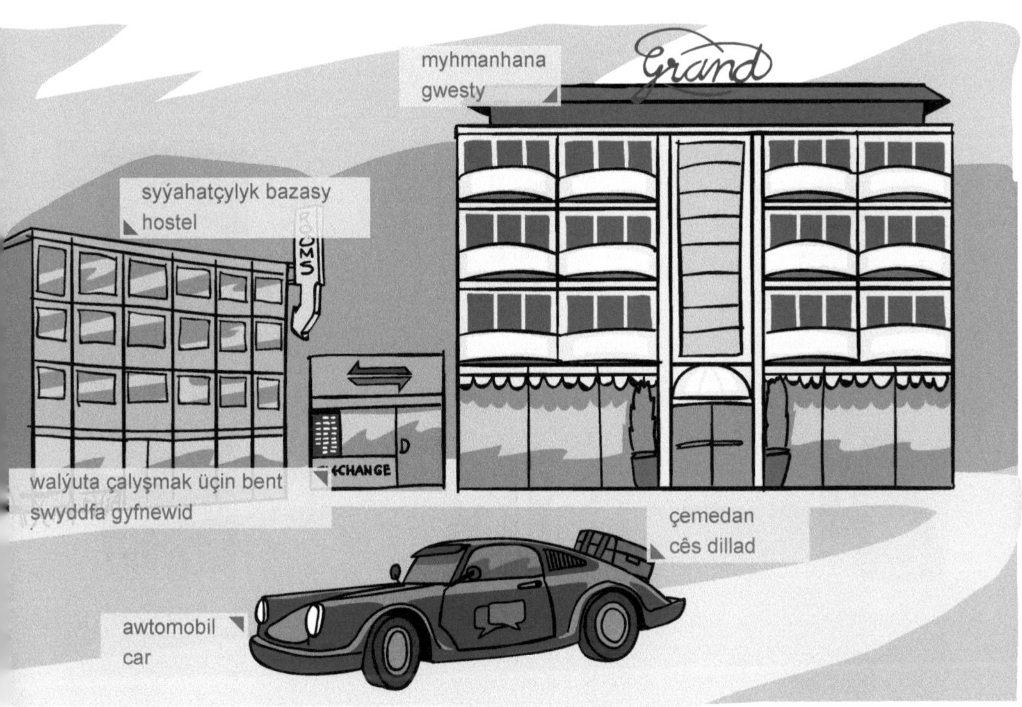

dil
....
iaith

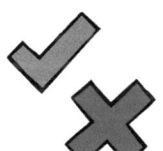

hawwa / ýok
....
ie / na

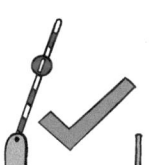

bolýa
....
iawn

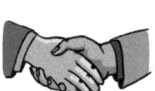

salam
....
helo

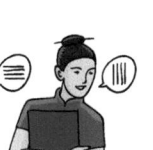

terjimeçi
....
cyfieithydd

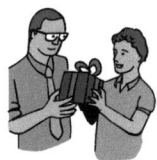

Minnetdar
....
Diolch yn fawr

bahasy näçe?

faint yw ...?

men düşünmeýärin

Dw i ddim yn deall

mesele

problem

Agşamyňyz haýyr!

Noswaith dda!

Ertiriňiz haýyrly!

Bore da!

Gijäňiz rahat bolsun!

Nos da!

görüşýänçäk

hwyl

ugur

cyfarwyddyd

ýük

bagiau

torba

bag

eginden asylýan torba

gwarbac

myhman

gwestai

otag

ystafell

halta ýorgan

sach gysgu

çadyr

pabell

syýahatçylyk maglumaty

gwybodaeth i ymwelwyr

kenarýaka

traeth

karz karty

cerdyn credyd

ertirlik

brecwast

günortanlyk

cinio

agşamlyk

swper

petek

tocyn

lift

lifft

poçta markasy

stamp

çäk

ffin

gümrük

tollau

ilçihana

llysgenhadaeth

wiza

fisa

pasport

pasbort

ulag

cludiant

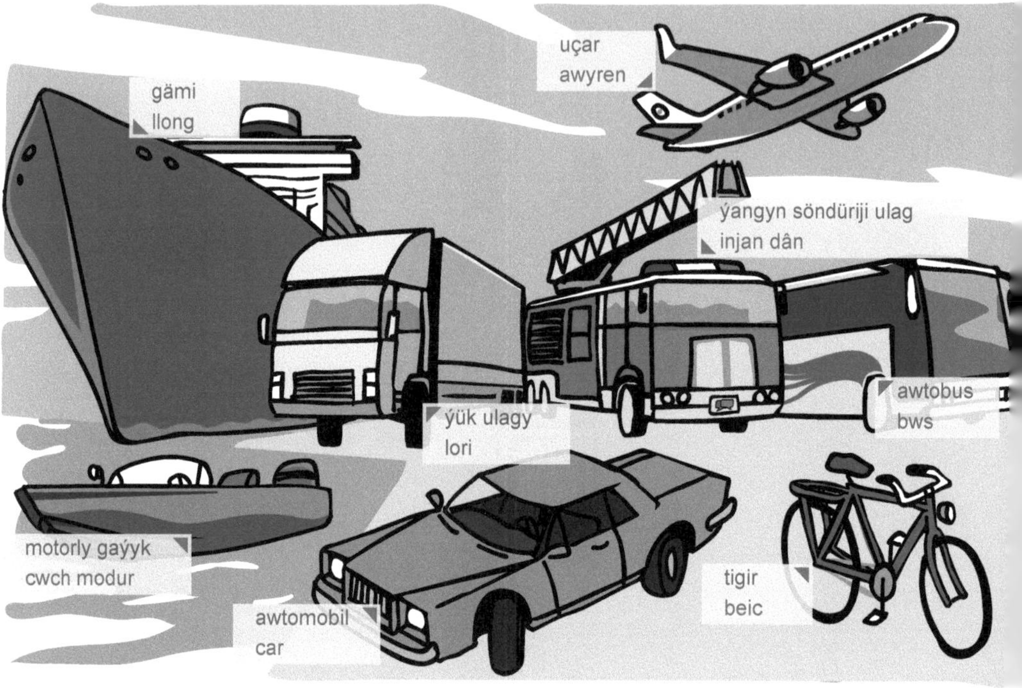

uçar
awyren
gämi
llong
ýangyn söndüriji ulag
injan dân
awtobus
bws
ýük ulagy
lori
motorly gaýyk
cwch modur
tigir
beic
awtomobil
car

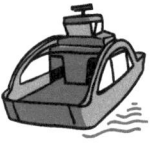

parom

fferi

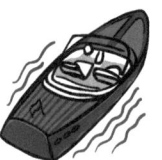

gaýyk

cwch

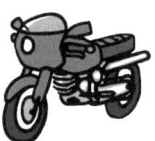

motosikl

beic modur

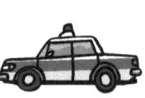

polisiýa ulagy

car yr heddlu

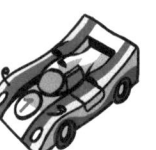

çapyşyk

car rasio

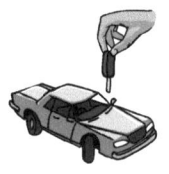

kärendä alnan ulga

car wedi'i rentu

ulagy bilelikde ulanmak

rhannu car

tirkeg ulagy

lori tynnu

zir-zibil daşaýan ulag

lori ysbwriel

hereketlendiriji

modur

ýangyç

tanwydd

guýma

gorsaf betrol

ýol belgisi

arwydd traffig

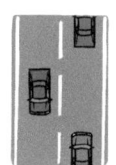

hereket

traffig

dyky

tagfa draffig

awtoduralga

maes parcio

menzil

gorsaf drennau

seplem

traciau

otly

trên

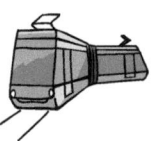

tramwaý

tram

wagon

wagen

dik uçar

hofrennydd

howa menzili

maes awyr

minara

tŵr

ýolagçy

teithiwr

konteýner

cynhwysydd

guty

paced

araba

cert

sebet

basged

uçmak / gonmak

esgyn / glanio

şäher
dinas

oba

pentref

şäher merkezi

canol y ddinas

öý

tŷ

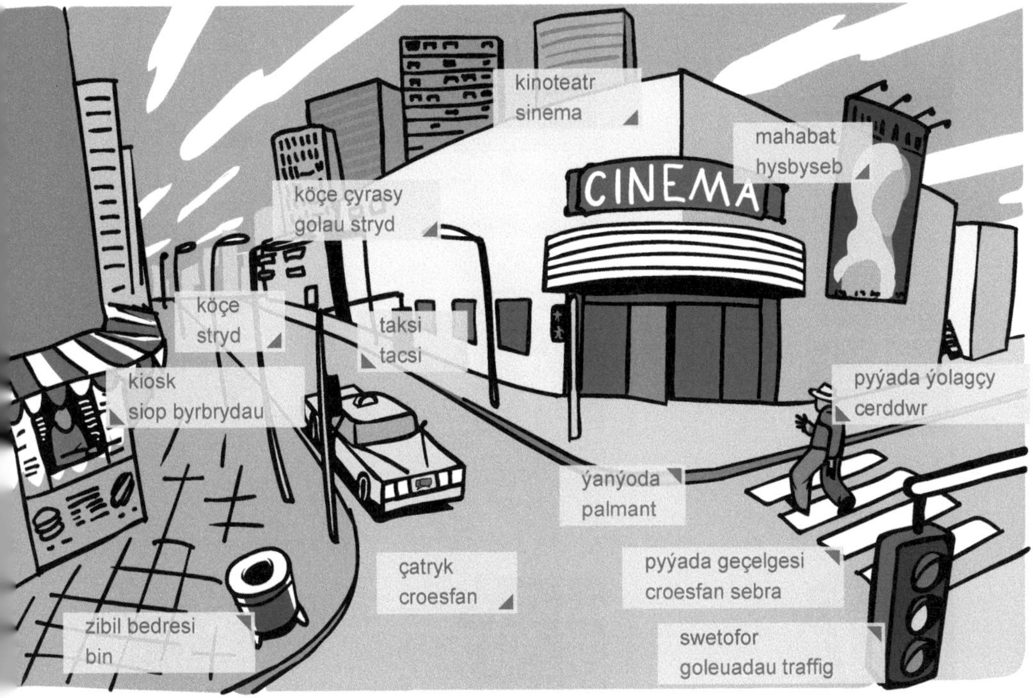

kinoteatr
sinema

mahabat
hysbyseb

köçe çyrasy
golau stryd

CINEMA

köçe
stryd

taksi
tacsi

pyýada ýolagçy
cerddwr

kiosk
siop byrbrydau

ýanýoda
palmant

çatryk
croesfan

pyýada geçelgesi
croesfan sebra

zibil bedresi
bin

swetofor
goleuadau traffig

kepbe
....
cwt

öý
....
fflat

menzil
....
gorsaf drennau

şäher häkimligi
....
neuadd y dref

muzeý
....
amgueddfa

mekdep
....
ysgol

uniwersitet

prifysgol

bank

banc

hassahana

ysbyty

myhmanhana

gwesty

dermanhana

fferyllfa

ofis

swyddfa

kitap dükany

siop lyfrau

dükan

siop

gül dükany

siop flodau

supermarket

archfarchnad

bazar

farchnad

uniwermag

siop adrannol

balyk söwdagäri

siop bysgod

söwda merkezi

canolfan siopa

port

harbwr

park
parc

oturgyç
banc

köpri
pont

merdiwan
grisiau

metro
rheilffordd danddaearol

ötük
twnnel

awtobus
safle bws

bar
bar

restoran
bwyty

poçta gutusy
blwch post

köçäni adyny görkezýän ýazgy
arwydd stryd

parkometr
mesurydd parcio

haýwanat bagy
sŵ

basseýn
pwll nofio

metjit
mosg

ferma
fferm

daşky gurşawyň
hapalanmagy
llygredd

gonamçylyk
mynwent

buthana
eglwys

çaga meýdançasy
maes chwarae

ybadathana
teml

landşaft

tirwedd

ýaprak
deilen

ýol görkeziji
arwydd cyfeirio

ýol
ffordd

ýaýla
dôl

daş
carreg

syýahatçy
heiciwr

agaç
coeden

derýa
afon

ot
glaswellt

gül
blodyn

dere
....
cwm

dag
....
bryn

köl
....
llyn

tokaý
....
coedwig

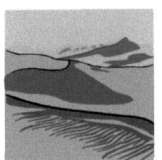

çöl
....
anialwch

wulkan
....
llosgfynydd

gulp
....
castell

älemgoşar
....
enfys

kömelek
....
madarchen

palma agajy
....
palmwydden

çybyn
....
mosgito

sinek
....
pryf

garynja
....
morgrugyn

bal arysy
....
gwenyn

möý
....
pryf copyn

tomzak

chwilen

gurbaga

llyffant

awusiýdik

gwiwer

kirpi

draenog

towşan

ysgyfarnog

baýguş

tylluan

guş

aderyn

guw

alarch

ýekegapan

baedd

sugun

carw

los

elc

bent

argae

şemal generatory

tyrbin gwynt

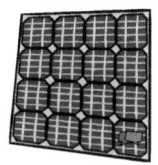

gün batareýasy

panel haul

howa

hinsawdd

restoran
bwyty

ofisiant
gweinydd
menýu
bwydlen
oturgyç
cadair
çorba
cawl
pizza
pitsa
stoluň örtgi matasy
lliain bwrdd
aşhana gap-gaçlary
cyllyll a ffyrc

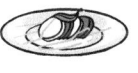

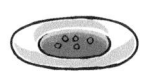

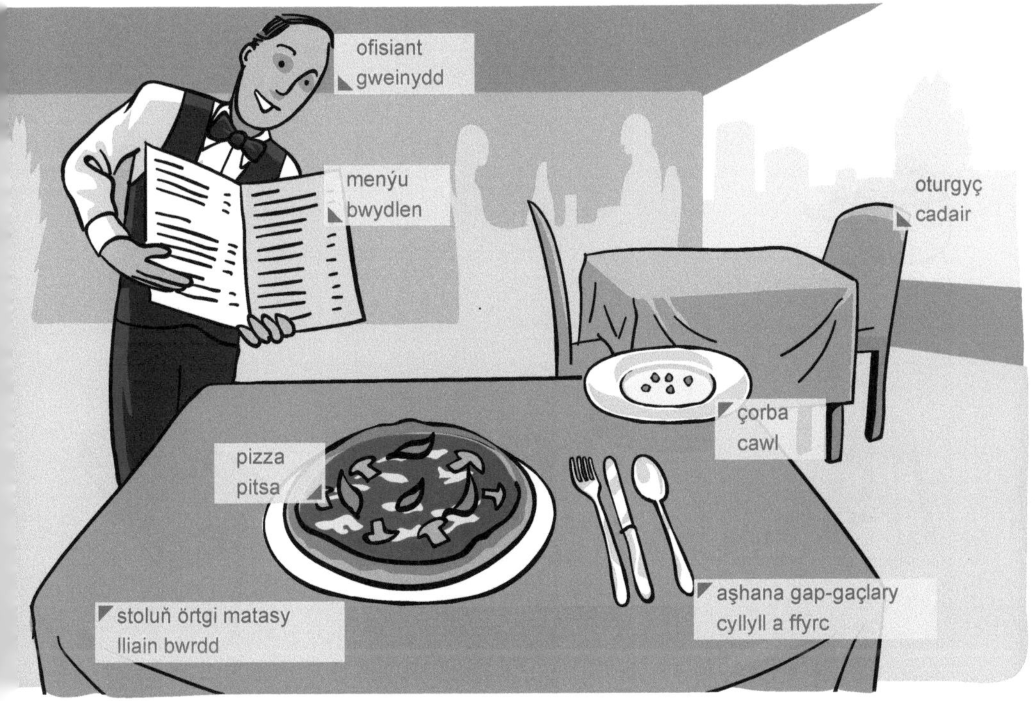

garbanma

cwrs cyntaf

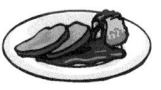

esasy tagam

prif gwrs

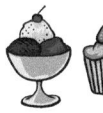

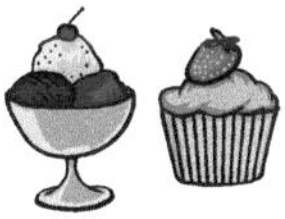

süýjülik

pwdin

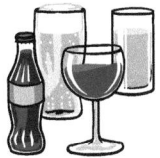

içgiler

diodydd

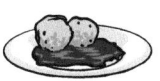

nahar

bwyd

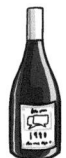

süýşe

potel

tiz tagam

bwyd cyflym

köçe iýmiti

bwyd y stryd

çäýnek, kitir

tebot

şeker gaby

powlen siwgr

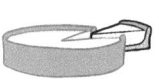

porsiýa

dogn

kofe gaýnadyjy

peiriant espresso

çaga oturgyjy

cadair plentyn

hasap

bil

mejme

hambwrdd

pyçak

cyllell

çarşak

fforc

çemçe

llwy

çaý çemçesi

llwy de

salfetka

napcyn

bulgur

gwydr

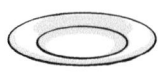

tarelka

plât

çorba tarelkasy

plât cawl

tabajyk

soser

sous

saws

duz gaby

pot halen

burçy üweýji

melin bupur

sirke

finegr

ýag

olew

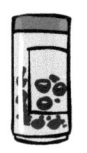

huruş

sbeisys

ketçup

saws coch

gorçisa

mwstard

maýonez

mayonnaise

supermarket

archfarchnad

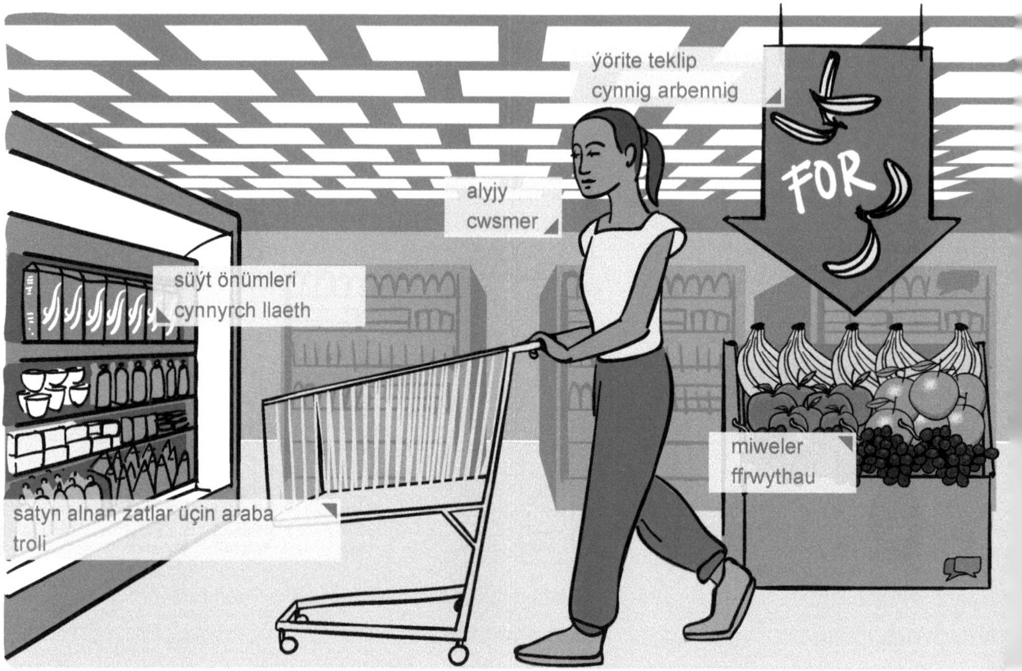

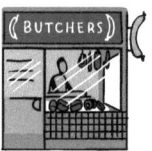

ýörite teklip
cynnig arbennig
alyjy
cwsmer
süýt önümleri
cynnyrch llaeth
miweler
ffrwythau
satyn alnan zatlar üçin araba
troli
FOR

BUTCHERS

et dükany

siop gig

BAKERY

çörek kärhanasy

siop fara

ölçemek

pwyso

gök önümler

llysiau

et

cig

tiz doňýan önümler

Bwyd wedi'i rewi

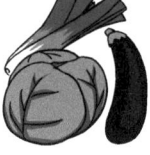

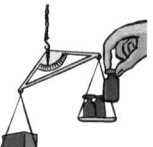

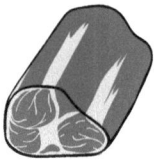

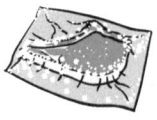

kesme

cig oer

konserwirlenen önümler

bwyd tun

kir ýuwujy toz

powdr golchi

süýjülikler

da-da

öýde ulanylýan zat

cynnyrch cartref

ýuwujy serişde

cynhyrchion glanhau

satyjy aýal

gwerthwraig

kassa

til

pulhanaçy

ariannwr

satyn alynmaly zatlar

rhestr siopa

iş wagty

oriau agor

gapjyk

waled

karz karty

cerdyn credyd

sumka

bag

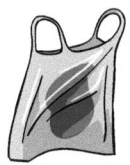

polietilen paket

bag plastig

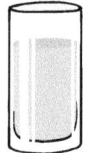

suw

dŵr

şire

sudd

süýt

llefrith

koka-kola

côc

wino

gwin

piwo

cwrw

alkogol

alcohol

kakao

coco

çaý

te

kofe

coffi

espresso

espresso

kapuçino

cappuccino

banan
ffrwchledd

alma
afal

pyrtykal
oren

garpyz
melon

limon
lemwn

käşir
moronen

sarymsak
garlleg

bambuk
bambŵ

sogan
nionyn

kömelek
madarchen

hoz
cnau

un aş
nwdls

spagetti

sbageti

tüwi

reis

işdäaçar

salad

gowurylan ýer alma

sglodion

gowurylan ýer alma

tatws wedi'u ffrïo

pizza

pitsa

gamburger

hambyrger

sendwiç

brechdan

üweme

cytled

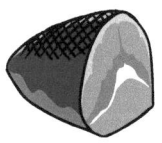

wetçina

ham

salýami

salami

şöhlat

selsig

towuk

cyw iâr

gowrulyp taýýarlanýan nahar

rhost

balyk

pysgodyn

süle patragy

ceirch uwd

mýusli

miwsli

mekgejöwen patragy

creision ýd

un

blawd

kruassan

croissant

bulka

bynsen

çörek

bara

tost

tost

köke

bisgedi

ýag

menyn

dorog

ceuled

pirog

teisen

ýumurtga

wy

heýgenek

wy wedi'i ffrïo

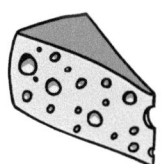

peýnir

caws

doňdurma

hufen iâ

şeker

siwgr

bal

mêl

marmelad

jam

nogully krem

siocled taenu

karri

cyri

daýhan öýi
ffermdy

saman daňysy
bwrn gwellt

saraý
ysgubor

meýdan
maes

at
ceffyl

tirkeg
ôl-gerbyd

taýçanak
ebol

traktor
tractor

eşek
asyn

guzy
oen

urkaçy goýun
dafad

geçi
gafr

sygyr
buwch

göle
llo

doňuz
mochyn

jojuk
porchell

öküz
tarw

gaz

gwydd

ördek

hwyaden

jüýje

cyw

towuk

iâr

horaz

ceiliog

alaka

llygoden fawr

pişik

cath

syçan

llygoden

öküz

ych

it

ci

it ýatagy

cwt ci

bag şlangy

pibell ddŵr

guýgyç

can dŵr

orak

pladur

azal

aradr

ferma - fferm

orak
cryman

kätmen
fforch chwynu

dökün çarşagy
picwarch

palta
bwyell

galtak
berfa

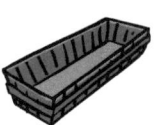

kersen
cafn

süýt üçin tüññür
tun llefrith

halta
sach

haýat
ffens

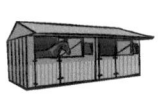

çörek
stabl

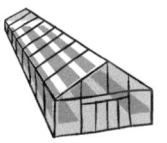

ýyladyşhana
tŷ gwydr

toprak
pridd

ekin
hedyn

dökün
gwrtaith

kombaýn
dyrnwr medi

hasyl ýygnamak

cynaeafu

galla

cynhaeaf

ýams

iamau

bugdaý

gwenith

soýa

soi

ýeralma

tysen

mekgejöwen

grawn

raps

had rêp

miwe agajy

coeden ffrwythau

manioka

manioc

däneli ösümlikler

grawnfwydydd

tüsseçykar
simnai

üçek
to

suw akdyrylýan tarnaw
peipen law

penjire
ffenestr

ulagjaý
garej

jaň
cloch y drws

gapy
drws

hapa atylýan bedre
bin sbwriel

poçta gutusy
blwch post

bag
gardd

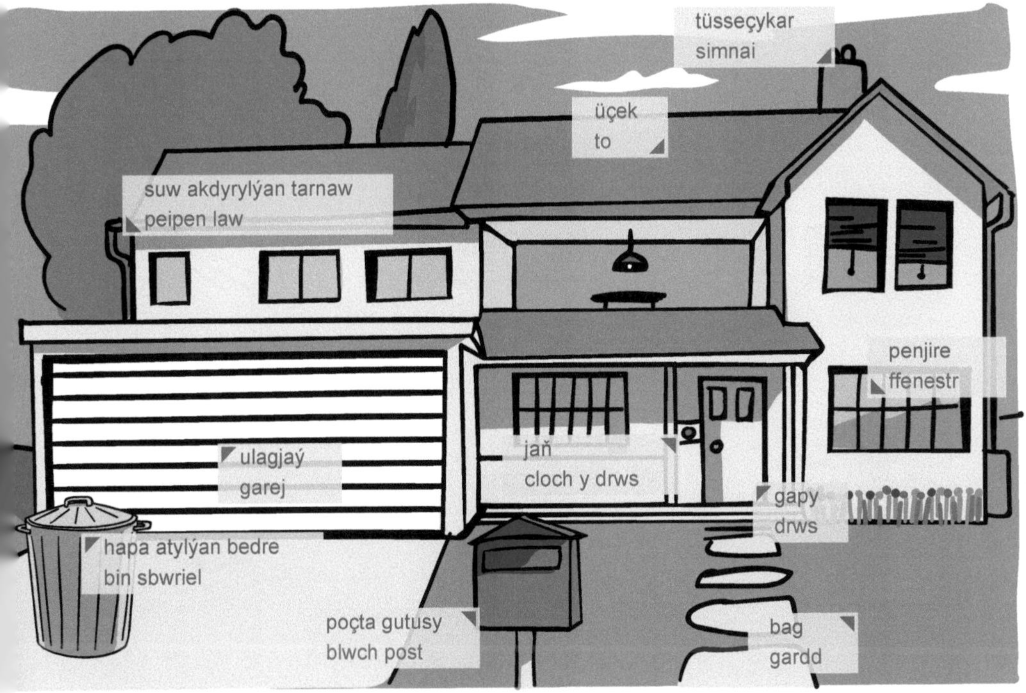

myhman otagy

lolfa

wanna otagy

ystafell ymolchi

aşhana

cegin

ýatalga otagy

ystafell wely

çaga otagy

ystafell plentyn

naharhana

ystafell fwyta

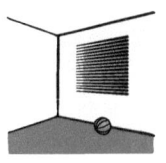

pol
llawr

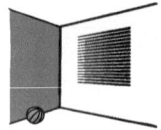

diwar
wal

potolok
nenfwd

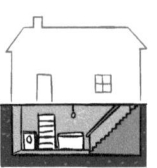

ýerzemin
seler

hamam
sawna

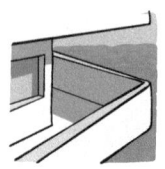

balkon
balconi

eýwan
teras

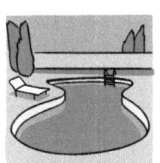

howdan
pwll

gazon orujy
peiriant torri gwair

ýorgan daşlygy
taflen

örtgi
gorchudd gwely

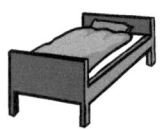

ýatakça
gwely

sübse
ysgub

bedre
bwced

öçüriji
swits

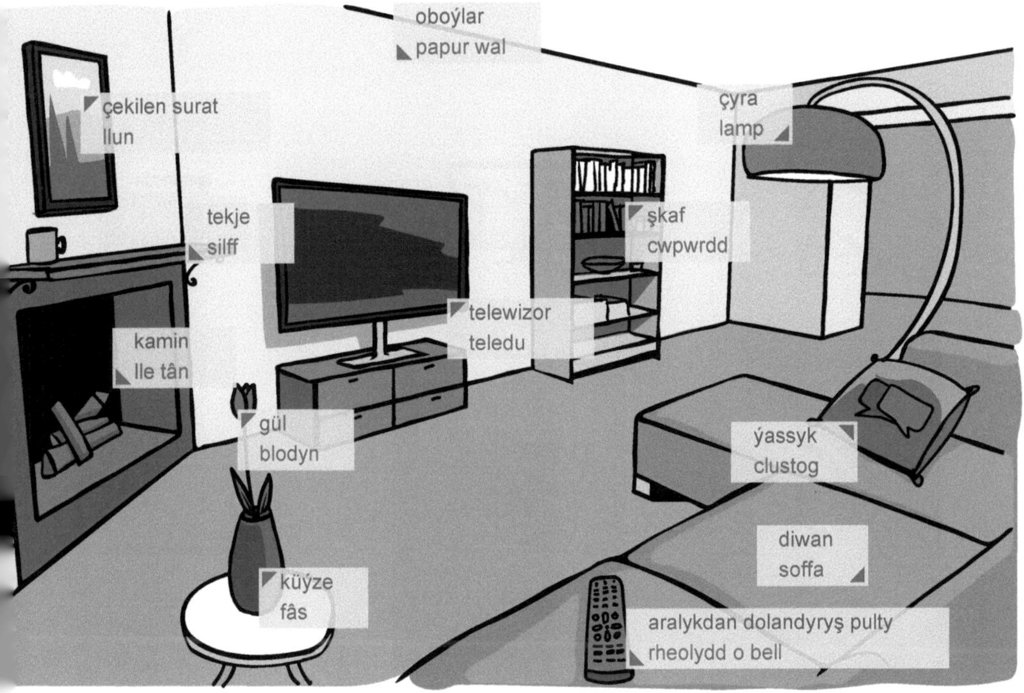

oboýlar
papur wal

çekilen surat
llun

çyra
lamp

tekje
silff

şkaf
cwpwrdd

kamin
lle tân

telewizor
teledu

gül
blodyn

ýassyk
clustog

diwan
soffa

küýze
fâs

aralykdan dolandyryş pulty
rheolydd o bell

haly
carped

tuty
llen

stol
bwrdd

oturgyç
cadair

öňe-yza gaýdýan kürsi
cadair siglo

kürsi
cadair freichiau

kitap
llyfr

örtgi
blanced

bezeg
addurn

odun
coed tân

film
ffilm

stereo ulgam
hi-fi

açar
agoriad

gazet
papur newydd

surat
darlun

ündewsurat
poster

radio
radio

bloknot
llyfr nodiadau

tozan sorujy
hwfer

kaktus
cactws

şem
cannwyll

aşhana
cegin

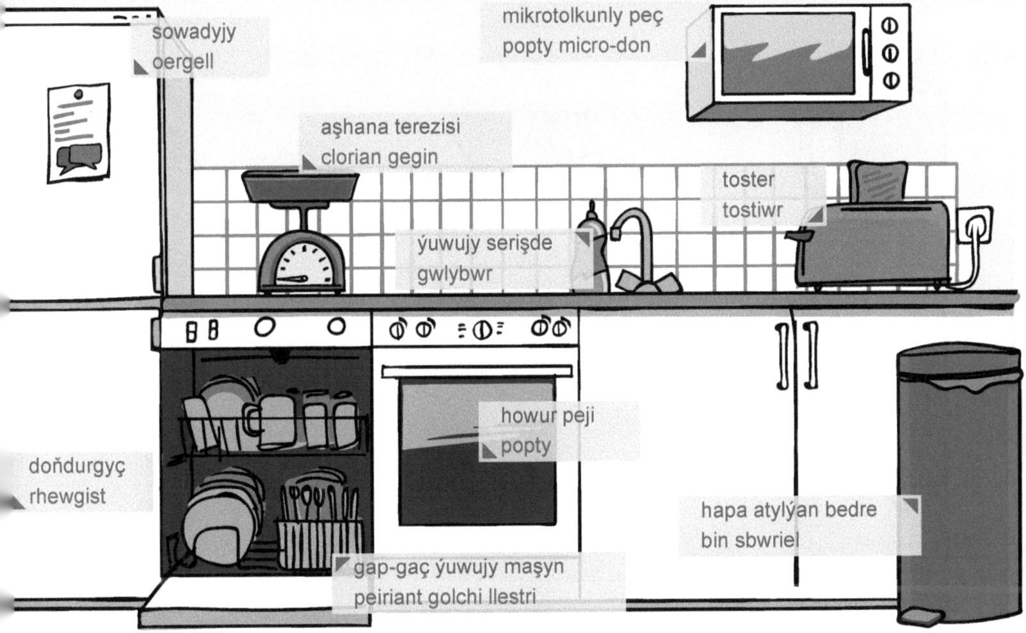
sowadyjy
oergell
mikrotolkunly peç
popty micro-don
aşhana terezisi
clorian gegin
toster
tostiwr
ýuwujy serişde
gwlybwr
howur peji
popty
doňdurgyç
rhewgist
hapa atylýan bedre
bin sbwriel
gap-gaç ýuwujy maşyn
peiriant golchi llestri

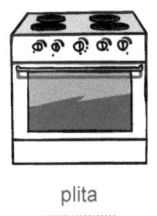

plita
....
popty

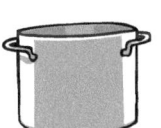

piti
....
pot

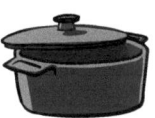

çoýun gazany
....
pot haearn bwrw

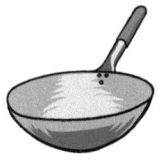

wok / kadaý
....
wok / kadai

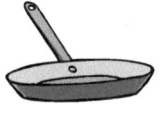

saç
....
padell

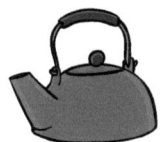

çäýnek, kitir
....
tegell

bugda bişiriji

sosban stemio

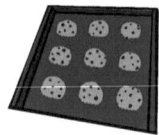

protiwen

hambwrdd pobi

gap-gaç

llestri

kürşge

mwg

jam

powlen

nahar iýilýän taýajyklar

gweill bwyta

susak

lletwad

piljagaz

ysbodol

ýaýylýan maşyn

chwisg

elek

hidlydd

elek

gogr

gyrgyç

gratiwr

soky

morter

gril

barbeciw

ot

tân agored

tagta
bwrdd torri cig

oklaw
rholbren

şţopor
tynnwr corcyn

tüneke banka
tun

konserwa pyçagy
peth agor tuniau

tutguç
clwt pot

rakowina
sinc

çotga
brws

gubka
sbwng

mikser
peiriant cymysgu

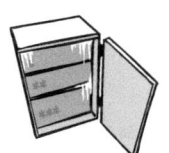

doňdurma kamerasy
rhewgell

çagany iýmitlendirmek üçin
çüýşejik
potel babi

kran
tap

wanna otagy
ystafell ymolchi

ýyladyş
gwres
süpürgiç
tywel
duş
cawod
duş üçin tuty
llen gawod
köpürjikli wanna
baddon ewyn
wanna
baddon
bulgur
gwydr
kir ýuwulýan maşyn
peiriant golchi
kran
tap
plitka
teils
küýze
potyn
rakowina
sinc

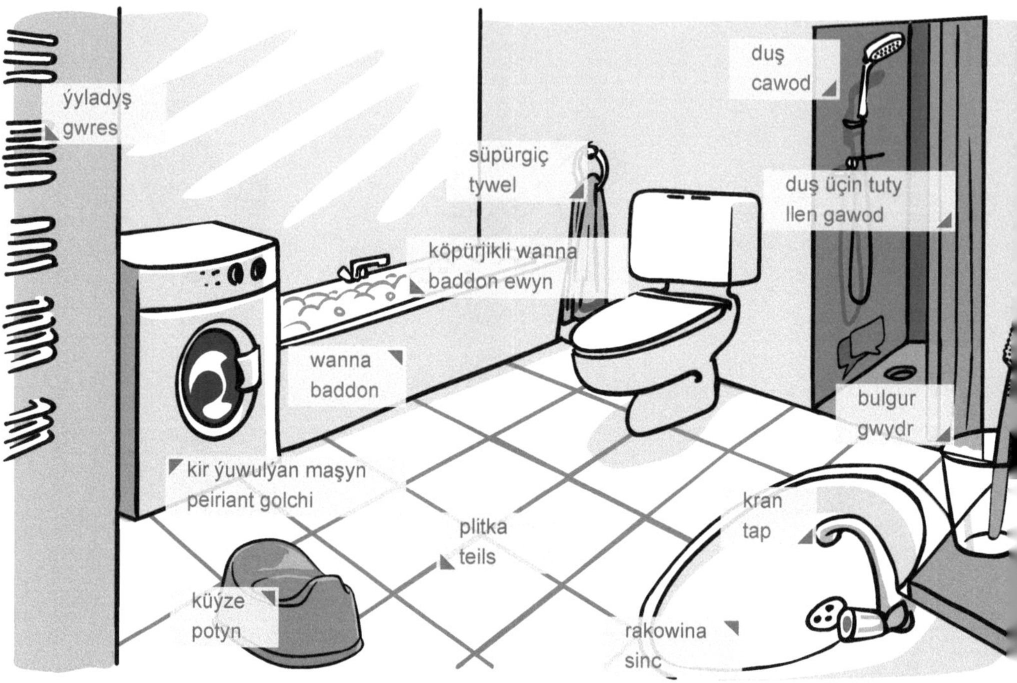

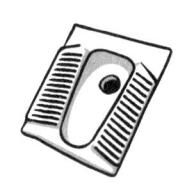

hajathana
tŷ bach

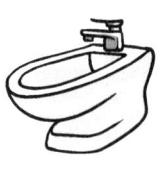

polda oturdylýan unitaz
toiled cyrcydu

bide
bidet

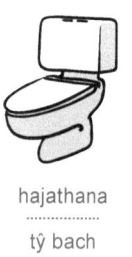

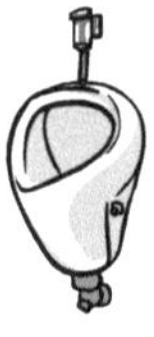

pissuar
troethfa

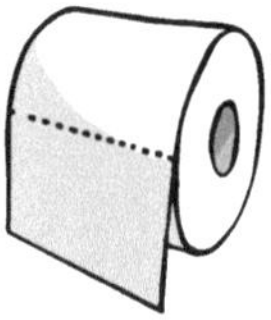

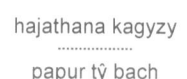

hajathana kagyzy
papur tŷ bach

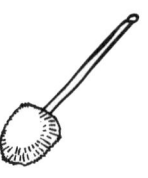

hajathana çotgasy
brws tŷ bach

diş çotgasy

brws dannedd

diş pastasy

past dannedd

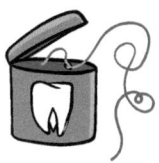

diş sapagy

edau ddannedd

ýuwmak

golchi

el duşy

cawod llaw

şahsy duş

golchfa

legen

basn

arka üçin çotga

brws-ôl

sabyn

sebon

duş üçin gel

gel cawod

şampun

siampŵ

moçalka

gwlanen

akyş

ffos

krem

hufen

dezodorant

diaroglydd

aýna
drych

el aýnasy
drych llaw

päki
rasel

sakgal syrmak üçin köpürjik
ewyn eillio

sakgal syrylanyndan soňky losýon
sent eillio

darak
crib

çotga
brws

fen
sychwr gwallt

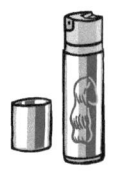

saç üçin lak
chwistrell gwallt

kosmetika
colur

dodaga çalynýan reňk
minlliw

dyrnaga çalynýan reňk
farnais ewinedd

pamyk
gwlân cotwm

manikýur gaýçysy
siswrn ewinedd

atyr
persawr

kosmetika üçin gutujyk

bag ymolchi

oturgyç

stôl

terezi

clorian

halat

gŵn baddon

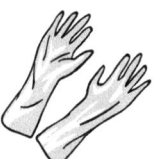

rezin ellik

menig rwber

tampon

tampon

gigiýena prokladkasy

tywel misglwyf

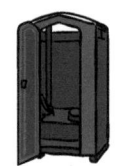

biohajathana

toiled cemegol

çaga otagy
ystafell plentyn

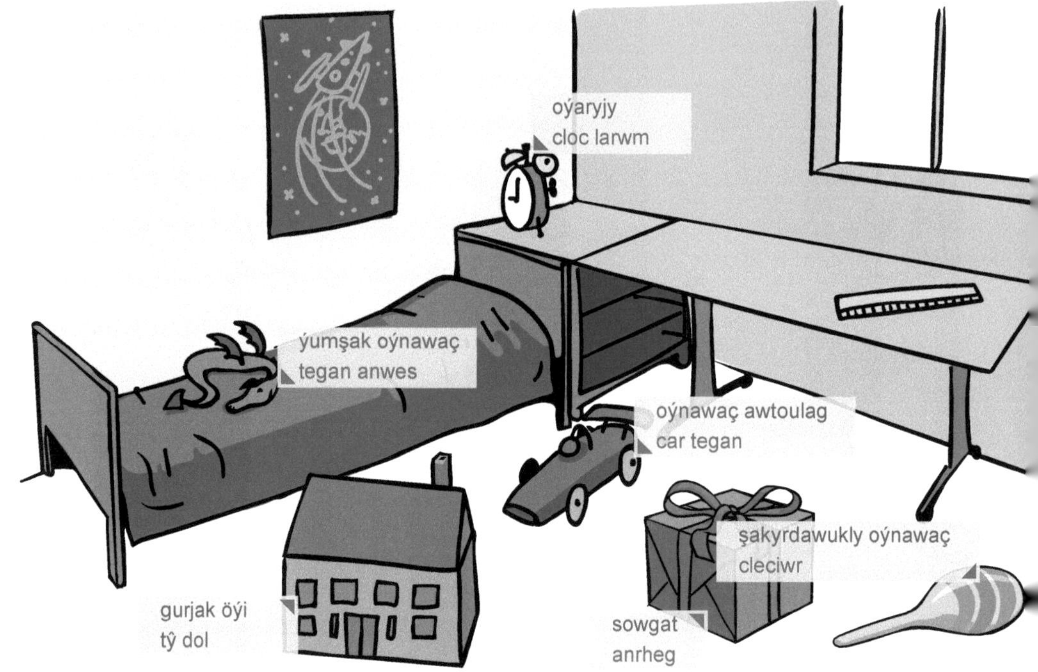

oýaryjy
cloc larwm
ýumşak oýnawaç
tegan anwes
oýnawaç awtoulag
car tegan
şakyrdawukly oýnawaç
cleciwr
gurjak öýi
tŷ dol
sowgat
anrheg

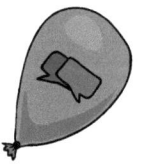

howaly şar

balŵn

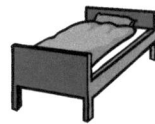

ýatakça

gwely

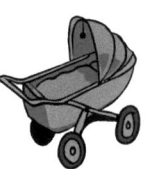

çaga arabasy

pram

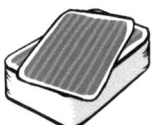

kart oýny

pecyn o gardiau

pazl

jig-so

SUPER
MEGA

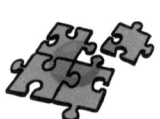

komiks

comic

Lego kerpiçleri

brics Lego

kubikler

blociau adeiladu

oýnawaç şekil

ffigur gweithredu

çagalar üçin joraply balak

babygro

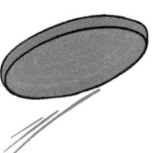

frisbi

ffrisbi

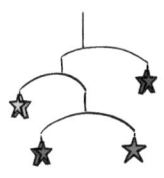

mobile

ffôn symudol

stolüsti oýun

gêm fwrdd

kubik

deis

demir ýolunyň modeli

set model trên

soska

teth lwgu

şagalaň

parti

şekilli kitap

llyfr lluniau

top

pêl

gurjak

dol

oýnamak

chwarae

çäge aýmança
pwll tywod

hiňňildik
swing

oýnawaç
teganau

oýun pristawkasy
consol gemau fideo

üç tigirli welosiped
beic tair olwyn

plýuşadan aýyjyk
tedi

egin-eşik üçin şkaf
cwpwrdd dillad

jorap
hosanau

çulki
hosanau

kolgotka
teits

şarf
sgarff

s`aýawan
ymbarél

futbolka
crys-t

kemer
gwregys

ädik
esgidiau

öý şypbygy
sliperi

krossowka
esidiau ymarfer

sandaliýa
....
sandalau

aýakgap
....
esgidiau

rezin ädik
....
esgidiau rwber

türsük
....
trôns

göwüslik
....
bra

maýka
....
fest

bodi
corff

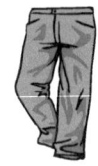

jalbar
trowsus

jins
jîns

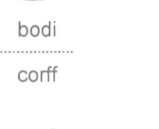

ýubka
sgert

bluzka
blows

köýnek
crys

switer
pwlofer

switer
hwdi

sport keltekçesi
blaser

žaket
siaced

palto
côt

plaş
côt law

kostýum
gwisg

köýnek
gŵn

toý köýnegi
gwisg briodas

erkek üçin kostýum

siwt

ýatyş köýnegi

gŵn nos

pižama

pyjamas

sari

sari

ýaglyk

sgarff pen

selle

tyrban

perenji

bwrca

kaftan

cafftan

abaýa

abaya

suwa düşmek üçin lybas

gwisg nofio

plawki

trowsus nofio

şorty

siorts

sport lybasy

tracwisg

öňlük

ffedog

ellik

menig

ilik

botwm

äýnek

sbectol

bilezik

breichled

zynjyr

cadwyn

ýüzük

modrwy

syrga

clustdlws

papak

cap

geýim asgyç

cambren

şlýapa

het

galstuk

tei

syrma

sip

şlem

helmed

egnaşyr kemer

fframiau danedd

mekdep lybasy

gwisg ysgol

lybas

gwisg

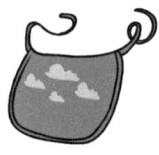

çaga döşlügi

bib

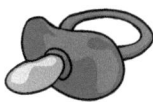

soska

teth lwgu

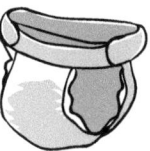

arlyk

cewyn

ofis

swyddfa

serwer
gweinydd
kanselýariýa şkafy
cwrpwrdd ffeilio
printer
argraffydd
kagyz
papur
monitor
monitor
syçanjyk
llygoden
ýazuw stoly
desg
papka
ffolder
klawiatura
bysellfwrdd
kagyz üçin sebet
basged papur gwastraff
kompýuter
cyfrifiadur
oturgyç
cadair

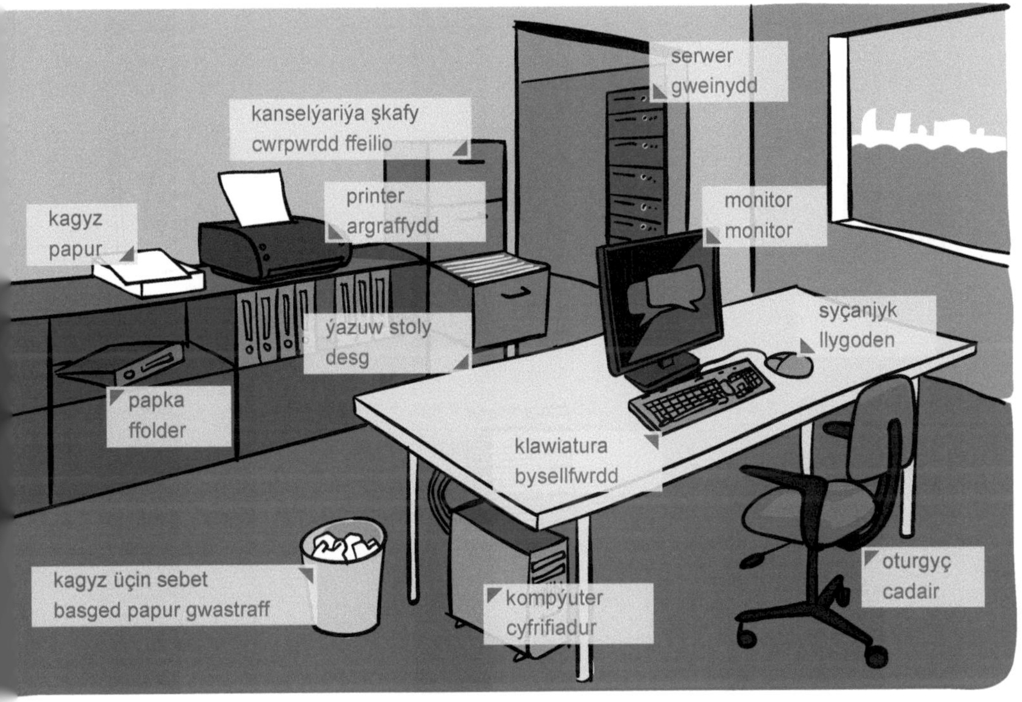

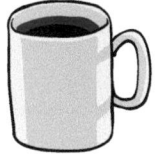

kofe kružkasy

mwg coffi

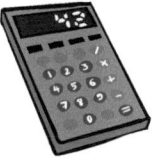

kalkulýator

cyfrifiannell

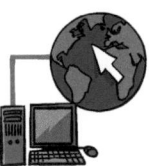

internet

rhyngrwyd

noutbuk	hat	habar
gliniadur	llythyr	neges

öÿjükli telefon	tor	kseroks
ffôn symudol	rhwydwaith	llungopïwr

programma	telefon	rozetka
meddalwedd	teleffon	soced plwg
	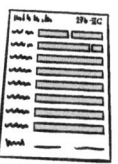	
faks	formulÿar	resminama
peiriant ffacs	ffurflen	dogfen

satyn almak

prynu

tölemek

talu

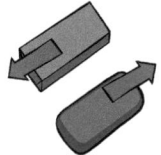

söwda etmek

masnachu

pul

arian

USD

dollar

doler

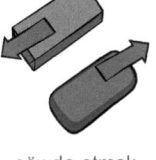
EUR

ýewro

ewro

JPY

iena

yen

RUB

rubl

rwbl

CHF

frank

ffranc y Swistir

CNY

ženminbi ýuan

yuan renminbi

INR

rupiýa

rwpi

bankomat

peiriant arian

wal‎ýuta çalyşmak üçin bent

swyddfa gyfnewid

altyn

aur

kümüş

arian

nebit

olew

energiýa

ynni

baha

pris

şertnama

contract

salgyt

treth

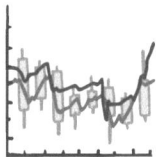

paýnama

stoc

işlemek

gweithio

gullukçy

cyflogai

iş beriji

cyflogwr

fabrik

ffatri

dükan

siop

hünärler
swyddi

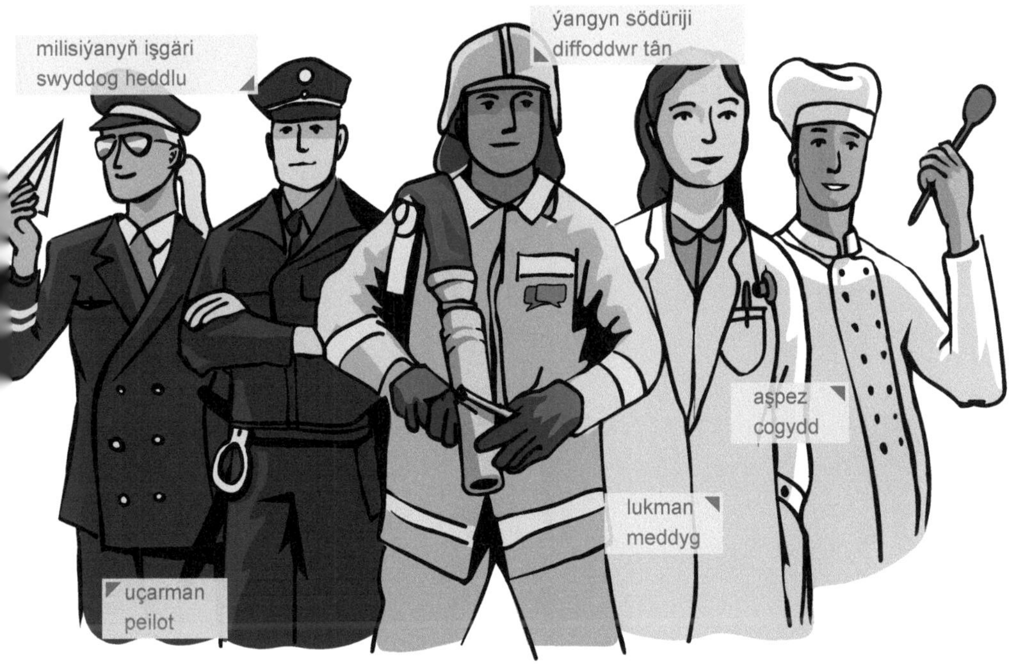

milisiýanyň işgäri
swyddog heddlu
ýangyn söndüriji
diffoddwr tân
aşpez
cogydd
lukman
meddyg
uçarman
peilot

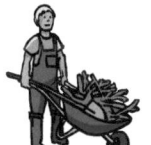

bagban
garddwr

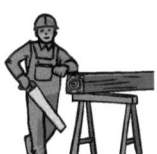

agaç ussasy
saer

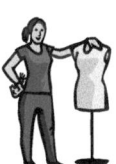

tikinçi
gwniadwraig

kazy
barnwr

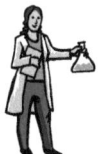

himik
fferyllydd

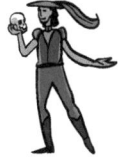

aktýor
actor

awtobus sürüjisi

gyrrwr bws

taksiçi

gyrrwr tacsi

balykçy

pysgotwr

tam süpüriji

glanhawraig

üçek basyrýan ussa

töwr

ofisiant

gweinydd

awçy

heliwr

suratçy

paentiwr

çörekçi

pobydd

elektrik

trydanwr

gurluşykçy

adeiladwr

inžener

peiriannydd

gassap

cigydd

santehnik

plymiwr

hatçy

dyn y post

esger
milwr

binagär
pensaer

pulhanaçy
ariannwr

floraçy
gwerthwr blodau

dellekçi
triniwr gwallt

konduktor
archwiliwr tocynnau
rheilffordd

mehanik
mecanydd

kapitan
capten

diş lukmany
deintydd

alym
gwyddonydd

rawwin
rabi

imam
imam

monah
mynach

ruhany
clerigwr

gurallar
offer

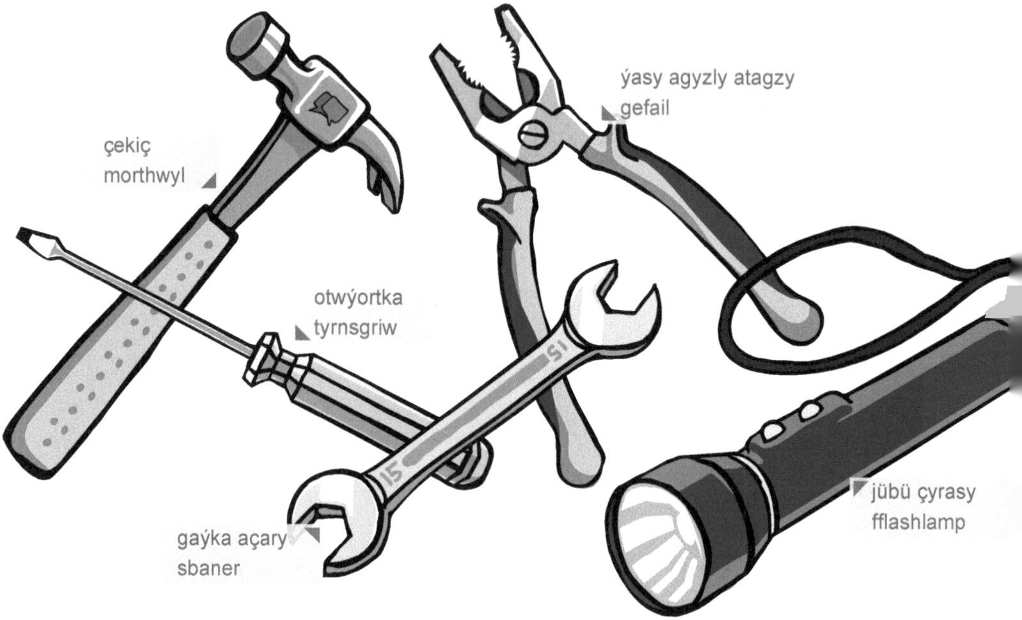

çekiç
morthwyl
ýasy agyzly atagzy
gefail
otwýortka
tyrnsgriw
gaýka açary
sbaner
jübü çyrasy
fflashlamp

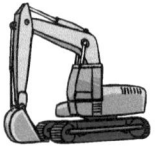

ekskawator
turiwr

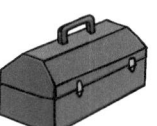

gurallar üçin gap
blwch offer

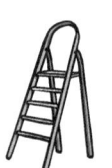

merdiwan
ysgol

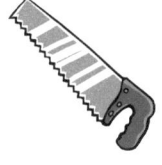

byçgy
llif

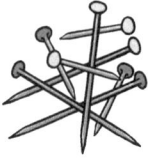

çüýler
hoelion

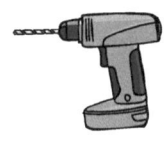

drel
dril

abatlamak
trwsio

pil
rhaw

Bolmandyr!
Daria!

susguç
rhaw lwch

boýagly bedre
pot paent

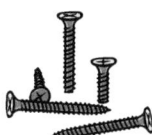

nurbatlar
sgriwiau

saz gurallary
offerynnau cerdd

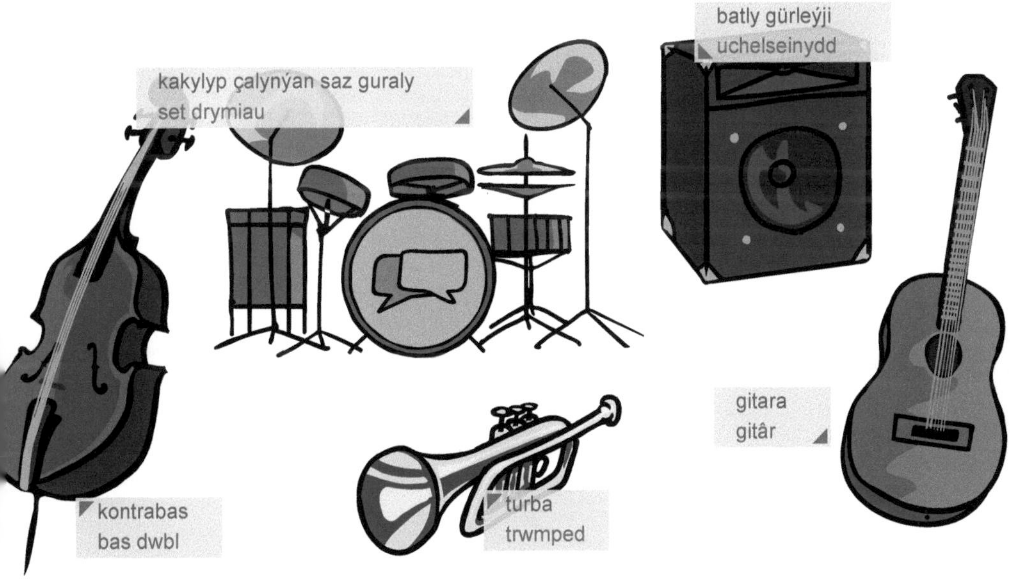

batly gürleýji
uchelseinydd

kakylyp çalynýan saz guraly
set drymiau

gitara
gitâr

kontrabas
bas dwbl

turba
trwmped

pianino

piano

skripka

ffidil

bas-gitara

bas

nagara

timpani

deprek

drymiau

sintezator

cyweirfwrdd

saksafon

sacsoffon

fleýta

ffliwt

mikrofon

meicroffon

haýwanat bagy

sŵ

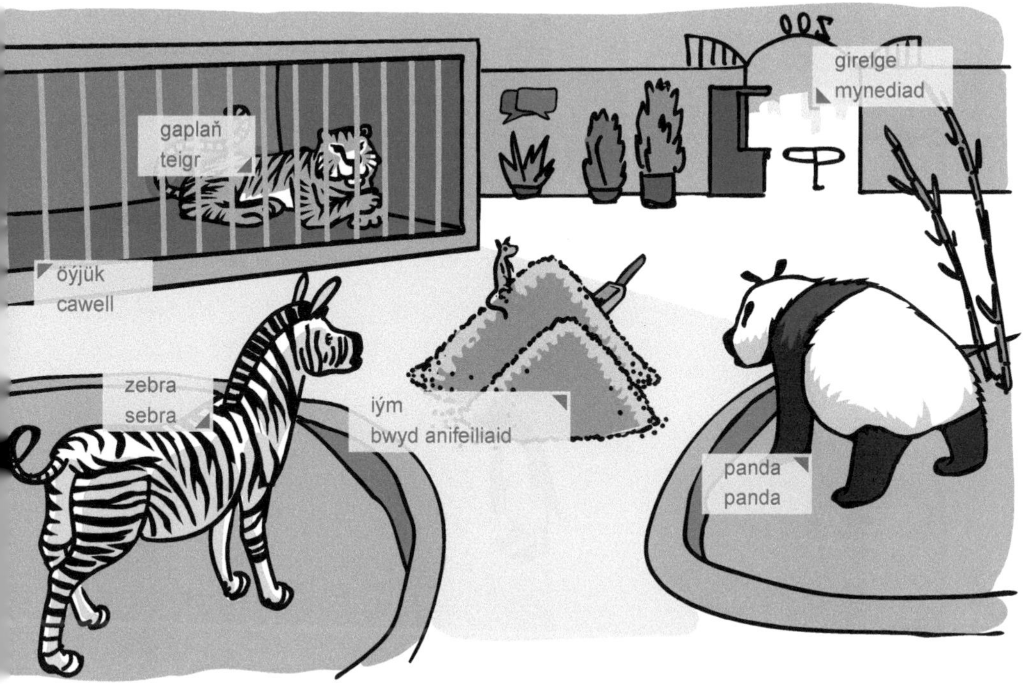
gaplaň
teigr
girelge
mynediad
öýjük
cawell
zebra
sebra
iým
bwyd anifeiliaid
panda
panda

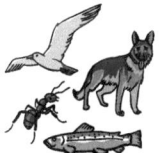

haýwanlar

anifeiliaid

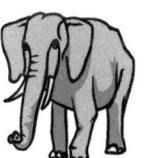

pil

eliffant

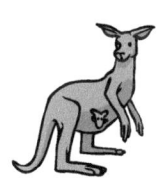

kenguru

cangarŵ

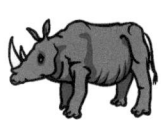

nosorog

rhinoseros

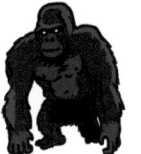

gorilla

gorila

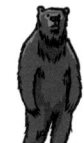

aýy

arth

düýe

camel

düýeguş

estrys

ýolbars

llew

maýmyn

mwnci

gyzylinjik

fflamingo

hindiguş

parot

ak aýy

arth wen

pingwin

pengwin

akula

siarc

tawus

paun

ýylan

neidr

krokodil

crocodeil

haýwanat bagynyň
gullukçysy
gofalwr sŵ

düwlen

morlo

ýaguar

jagwar

poni

merlyn

gaplaň

llewpard

begemot

hipo

žiraf

jiráff

bürgüt

eryr

ýekegapan

baedd

balyk

pysgodyn

pyşbaga

crwban

suwpişik

walrws

tilki

llwynog

jeren

gafrewig

amerikan
pêl-droed America

tigir sürmek
beicio

tennis
tennis

basketbol
pêl-fasged

ýüzme
nofio

boks
bocsio

hokkeý
hoci iâ

futbol

pêl-droed

badminton

badminton

ýeňil atletika

athletau

gandbol

pêl-law

lyža sporty

sgïo

polo

polo

hereket
gweithgareddau

bökmek
neidio
gujaklamak
cofleidio
gülmek
chwerthin
gitmek
cerdded
aýdym aýtmak
canu
arzuw etmek
breuddwydio
dilemek
gweddïo
öpmek
cusanu

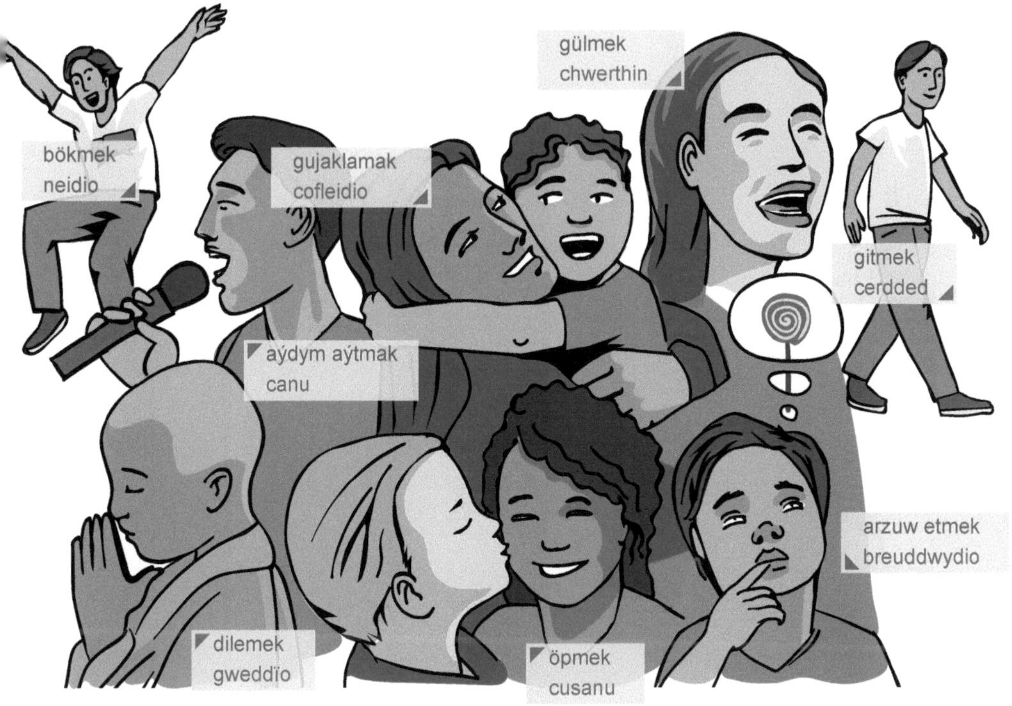

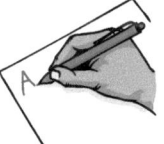

ýazmak

ysgrifennu

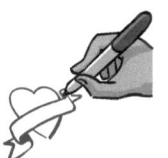

surat çekmek

tynnu

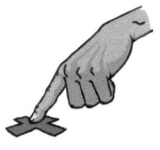

görkezmek

dangos

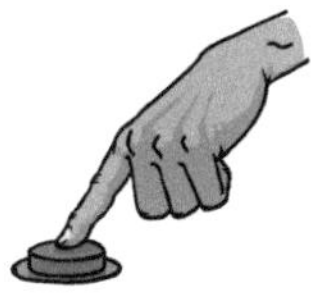

basmak

gwthio

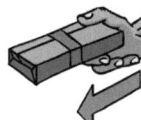

bermek

rhoi

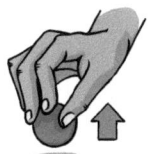

almak

cymryd

eýe bolmak

bod gan

etmek

gwneud

bolmak

bod

durmak

sefyll

ylgamak

rhedeg

çekmek

tynnu

taşlamak

taflu

gaçmak

disgyn

ýatmak

gorwedd

garaşmak

aros

götermek

cario

oturmak

eistedd

geýmek

gwisgo amdanoch

ýatmak

cysgu

oýanmak

deffro

görmek

edrych ar

aglamak

crïo

sypalamak

anwesu

daramak

cribo

gürlemek

siarad

düşünmek

deall

soramak

gofyn

diňlemek

gwrando

içmek

yfed

iýmek

bwyta

tertipleşdirmek

tacluso

söýmek

caru

taýýarlmak

coginio

gitmek

gyrru

uçmak

hedfan

ýelkeni ýaýyp gitmek

hwylio

hasaplamak

cyfrifo

okamak

darllen

okamak

dysgu

işlemek

gweithio

nikalaşmak

priodi

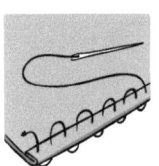

dikmek

gwnïo

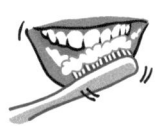

dişiňi arassalamak

brwsio dannedd

öldürmek

lladd

çilim çekmek

ysmygu

ugratmak

anfon

maşgala
teulu

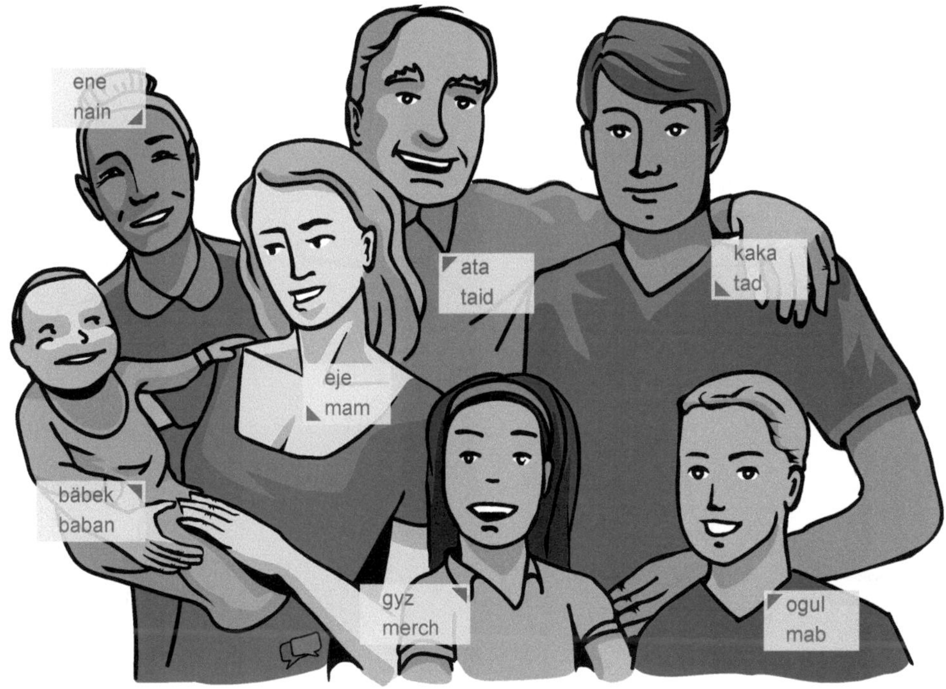
ene
nain
ata
taid
kaka
tad
eje
mam
bäbek
baban
gyz
merch
ogul
mab

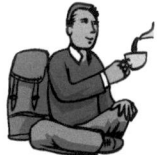

myhman
gwestai

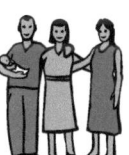

daýza
modryb

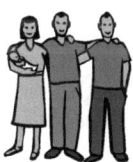

daýy
ewythr

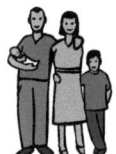

aga
brawd

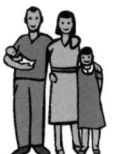

uýa
chwaer

ten

corff

maňlaý
talcen
göz
llygad
egin
ysgwydd
barmak
bys
ýüz
wyneb
äň
gên
penje
llaw
aýak
coes
döş
bron
el
braich

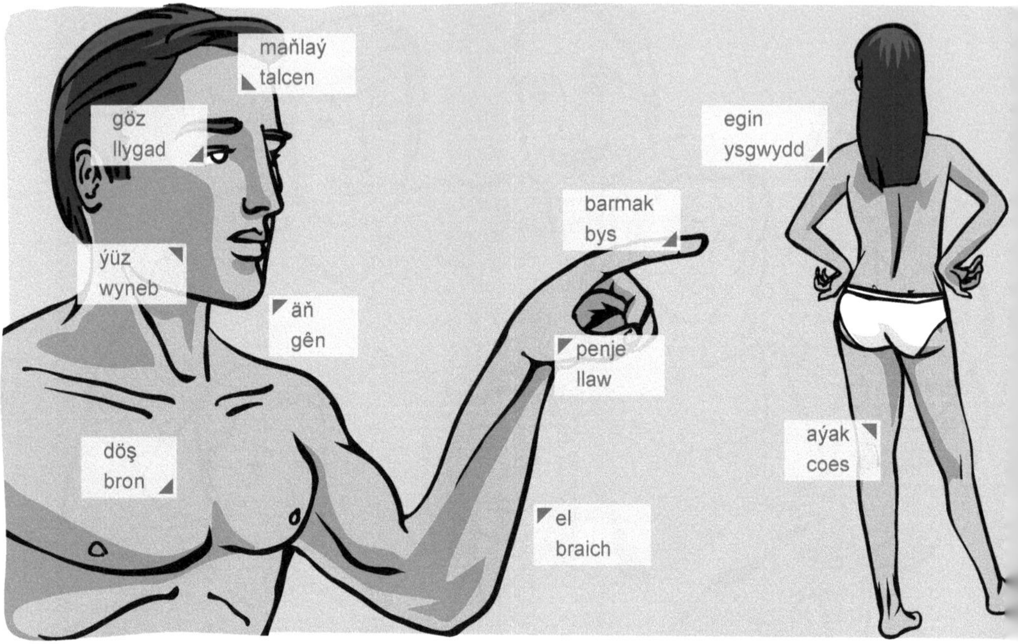

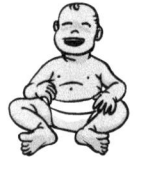

bäbek

baban

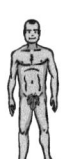

erkek

dyn

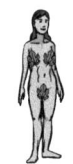

aýal

gwraig

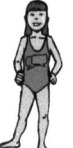

gyz

geneth

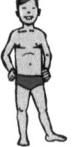

oglan

bachgen

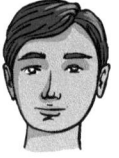

kelle

pen

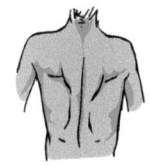

arka
cefn

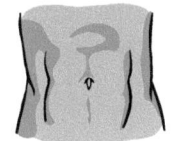

garyn
bel

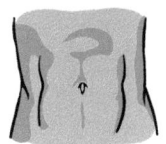

göbek
bogail

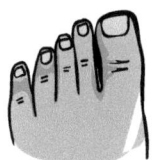

aýak barmagy
bys troed

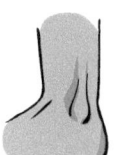

ökje
sawdl

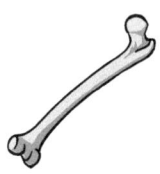

süňk
asgwrn

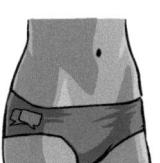

but
clun

dyz
pen-glin

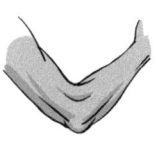

tirsek
penelin

burun
trwyn

ýanbaş
pen ôl

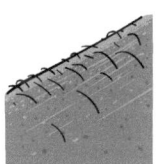

deri
croen

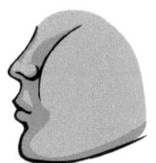

ýaňak
boch

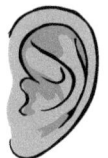

gulak
clust

dodak
gwefus

agyz

ceg

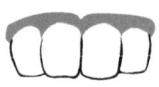

diş

dant

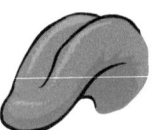

dil

tafod

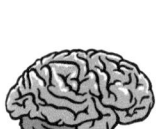

beýni

ymennydd

ýürek

calon

myşsa

cyhyr

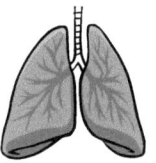

öýken

ysgyfaint

bagyr

iau

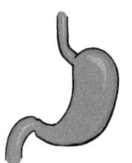

aşgazan

stumog

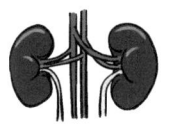

böwrek

arennau

jyns ýakynlygy

rhyw

prezerwatiw

condom

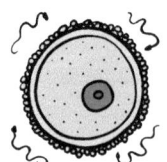

erkeklik jyns öýjügi

ofwm

tohumlyk

semen

göwrelilik

beichiogrwydd

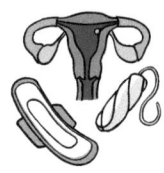

bil açylma
mislif

wagina
fagina

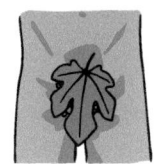

erkek jyns agzasy
pidyn

gaş
ael

saç
gwallt

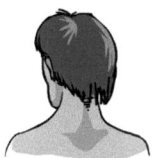

boýun
gwddf

hassahana
ysbyty

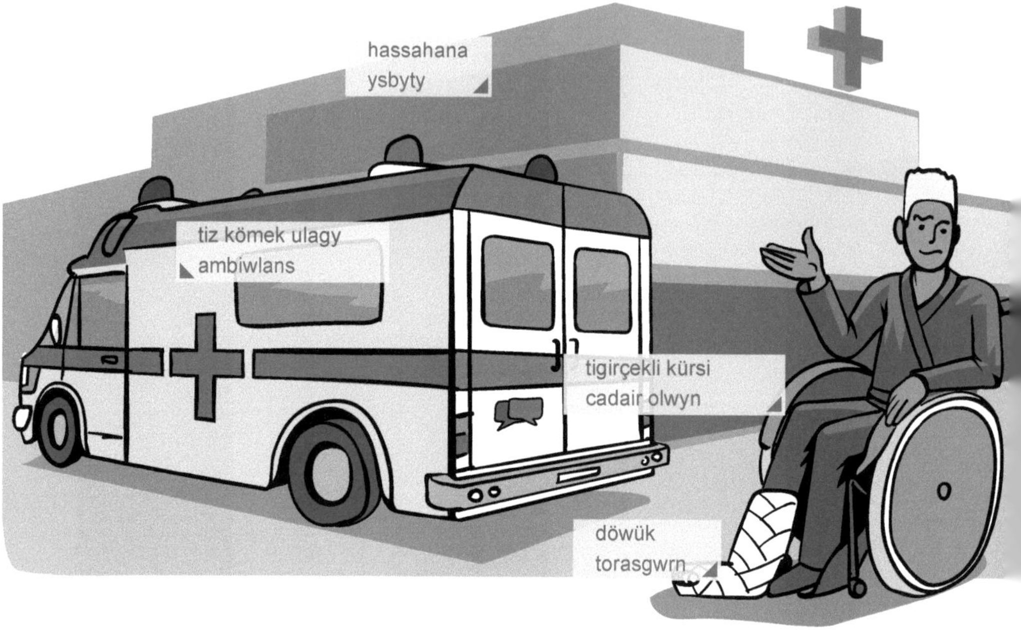

hassahana
ysbyty
tiz kömek ulagy
ambiwlans
tigirçekli kürsi
cadair olwyn
döwük
torasgwrn

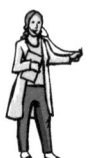

lukman
meddyg

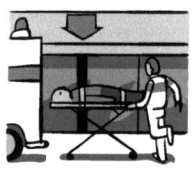

ilkinji kömek nokady
ystafell argyfwng

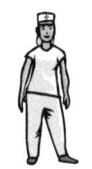

şepagat uýasy
nyrs

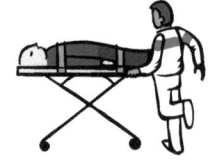

gaýragoýulmasyz ýagdaý
argyfwng

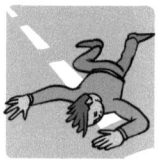

özüni bilmän
anymwybodol

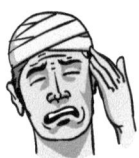

agyry
poen

	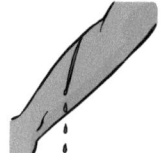	
zeper ýetme	gan akmasy	infarkt
anaf	gwaedu	trawiad ar y galon

insult	allergiýa	üsgülik
strôc	alergedd	peswch

ýokarlanan temperatura	dümew	içgeçme
twymyn	ffliw	dolur rhydd
		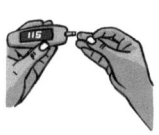
kelle agyrysy	rak	diabet
cur pen	canser	diabetes

hirurg	skalpel	operasiýa
llawfeddyg	fflaim	gweithrediad

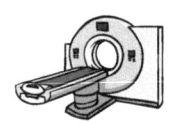

iÿmit siňdirÿän ortlaryň jemi

CT

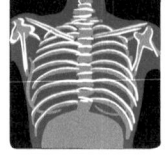

rentgen

pelydr-x

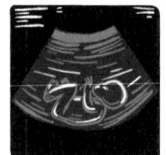

ultrases

uwchsain

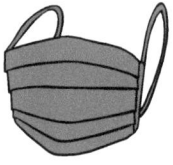

maska

mwgwd wyneb

kesel

clefyd

kabulhana

ystafell aros

pişek

bagl

plastyr

plastr

bint

rhwymyn

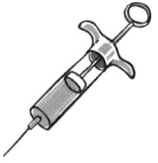

sanjym

pigiad

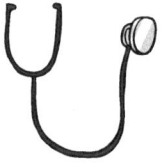

stetoskop

stethosgop

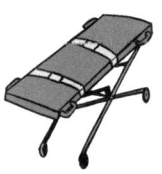

zemmer

elorwely

termometr

thermomedr clinigol

dogluş

genedigaeth

artykmaç agram

dros bwysau

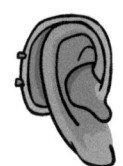

eşidiş abzaly

cymorth clyw

zyýansyzlandyryjy serişde

diheintydd

ýokanç

haint

wirus

firws

WIÇ/ AIDS

HIV / AIDS

derman

meddygaeth

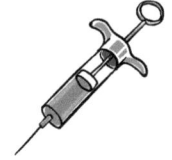

öňüni alyş sanjymy

brechiad

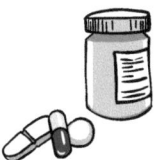

gerdejikler

tabledi

göwreli bolmakdan goraýan gerdejik

y bilsen

aýragoýulmasyz çagyryş

galwad frys

gan basyşyny ölçeýji abzal

monitor pwysau gwaed

näsag / sagdyn

yn sâl / yn iach

Kömek ediň!

Help!

howsala signaly

larwm

çozuş

ymosodiad

hüjüm

ymosodiad

howp

perygl

ätiýaçlyk çykalgasy

allanfa argyfwng

Ýangyn!

Tân!

ot söndürijisi

diffoddwr tân

betbagtçylykly ýagdaý

damwain

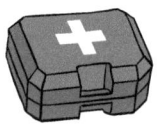

derman gutujygy

pecyn cymorth cyntaf

SOS

SOS

milisiýa

heddlu

Ýewropa

Ewrop

Demirgazyk Amerika

Gogledd America

Günorta Amerika

De America

Afrika

Affrica

Aziýa

Asia

Awstraliýa

Awstralia

Atlantika ummany

Iwerydd

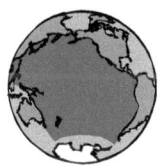

Ýuwaş umman

y Môr Tawel

Hindi ummany

Cefnfor yr India

Antarktika ummany

Cefnfor yr Antarctig

Demirgazyk Buzly umman

Cefnfor yr Arctig

Demirgazyk polýusy

Pegwn y Gogledd

Günorta polýusy

Pegwn y De

Antarktida

Antarctica

zemin

y Ddaear

gury ýer

tir

deñiz

môr

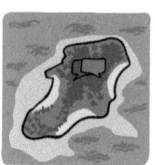

ada

ynys

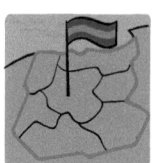

millet

cenedl

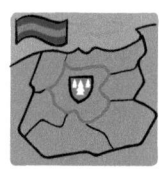

döwlet

gwladwriaeth

siferblat

wyneb cloc

sagadyň dili

bys awr

minut görkezýän dil

bys munud

sekundy görkezýän dil

bys eiliad

sagat näçe?

Faint o'r gloch yw hi?

gün

dydd

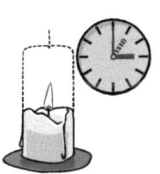

wagt

amser

häzir

yn awr

elektron sagady

cloc digidol

minut

munud

sagat

awr

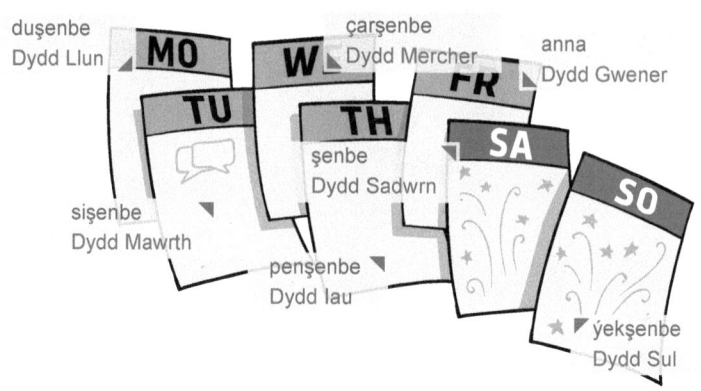

duşenbe
Dydd Llun

çarşenbe
Dydd Mercher

anna
Dydd Gwener

şenbe
Dydd Sadwrn

sişenbe
Dydd Mawrth

penşenbe
Dydd Iau

yekşenbe
Dydd Sul

düýn

ddoe

şu gün

heddiw

ertir

yfory

säher

bore

günortan

canol dydd

agşamlyk

noswaith

MO	TU	WE	TH	FR	SA	SU
1	2	3	4	5	6	7
8	9	10	11	12	13	14
15	16	17	18	19	20	21
22	23	24	25	26	27	28
29	30	31	1	2	3	4

iş günler

diwrnodiau busnes

MO	TU	WE	TH	FR	SA	SU
1	2	3	4	5	6	7
8	9	10	11	12	13	14
15	16	17	18	19	20	21
22	23	24	25	26	27	28
29	30	31	1	2	3	4

dynç günler

penwythnos

ýagyş
glaw

älemgoşar
enfys

şemal
gwynt

gar
eira

ýaz
gwanwyn

güýz
hydref

tomus
haf

gyş
gaeaf

4.APRIL	11°	☀
5.APRIL	4°	🌦
6.APRIL	13°	🌧
7.APRIL	8°	☀
8.APRIL	10°	☀

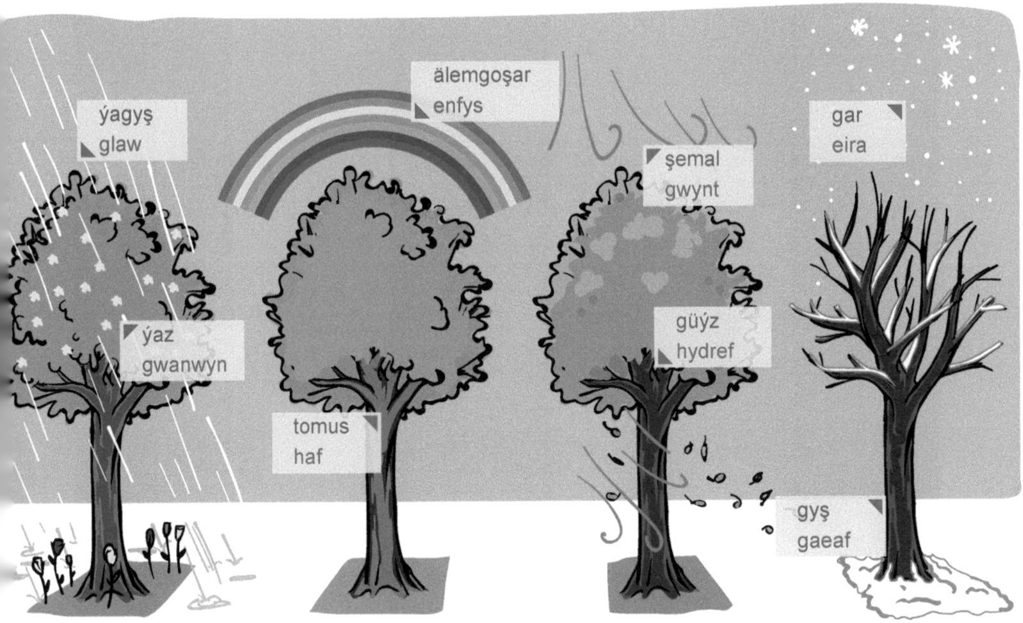

howa maglumaty
rhagolygon y tywydd

termometr
thermomedr

gün ýagtylygy
heulwen

gara bulut
cwmwl

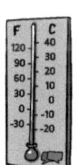

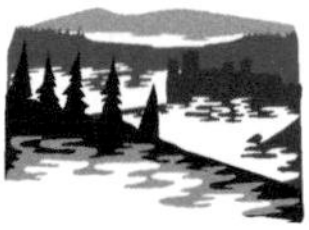

ümür
niwl tew

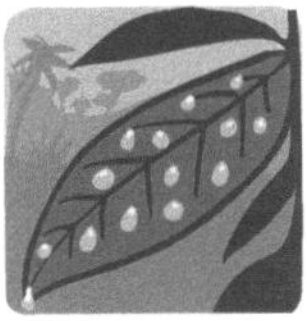

howanyň çyglylygy
lleithder

ýyldyrym

mellt

gök gümmürdisi

taranau

tupan

storm

doly

cenllysg

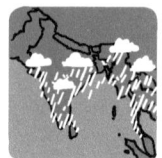

musson

monswŷn

suw alma

llif

buz

iâ

ýanwar

Ionawr

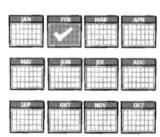

fewral

Chwefror

mart

Mawrth

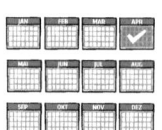

aprel

Ebrill

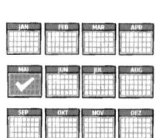

maý

Mai

iýun

Mehefin

iýul

Gorffennaf

awgust

Awst

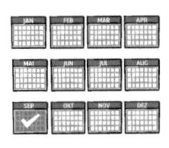

sentýabr

Medi

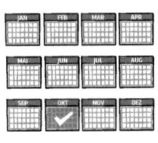

oktýabr

Hydref

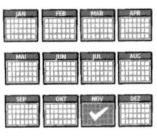

noýabr

Tachwedd

dekabr

Rhagfyr

tegelek

cylch

kwadrat

sgwâr

göniburçluk

petryal

üçburçluk

triongl

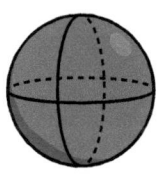

şar

sffêr

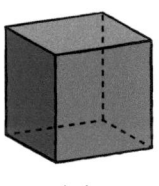

kub

ciwb

ak

gwyn

sary

melyn

mämişi

oren

gülgüne

pinc

gyzyl

coch

liliýa reňkli

porffor

gök

glas

ýaşyl

gwyrdd

goňur

brown

çal

llwyd

gara

du

köp / az

llawer / ychydig

gazaply / asuda

dig / tawel

owadan / betnyşan

hardd / hyll

başy / soňy

dechrau / diwedd

uly / kiçi

mawr / bach

açyk / garaňky

llachar / tywyll

glan dogan / gyz dogan

brawd / chwaer

arassa / hapa

glân / budr

doly / doly däl

gyflawn / anghyflawn

gündiz / gije

dydd / nos

jansyz / diri

farw / yn fyw

giň / dar

eang / cul

iýilýän / iýilmeýän
bwytadwy / anfwytadwy

gaharly / dostlukly
drwg / caredig

tolgunly / tukat
llawn cyffro / diflasu

çişik / hor
tew / tenau

başda / soňunda
cyntaf / olaf

dost / duşman
cyfaill / gelyn

doly / boş
llawn / gwag

berk / ýumşak
caled / meddal

agyr / ýeňil
trwm / ysgafn

açlyk / teşnelik
wedi newynnu / yn sychedig

näsag / sagdyn
yn sâl / yn iach

bikanun / kanuny
anghyfreithlon / cyfreithiol

akyly / akmak
deallus / twp

çepde / sagda
chwith / dde

ýakyn / daş
agos / pell

täze / ulanylan
ewydd / wedi'i ddefnyddio

hiç zat / bir zat
dim / rhywbeth

garry / ýaş
hen / ifanc

ýakylan / söndürilen
ymlaen / i ffwrdd

açyk / ýapyk
ar agor / ar gau

ýuwaş / gaty
tawel / uchel

baý / garyp
cyfoethog / tlawd

dogry / nädogry
cywir / anghywir

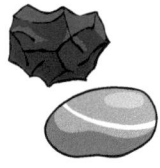

büdür-südür / tekiz
garw / llyfn

gamgyly / şatlykly
trist / hapus

gysga / uzyn
byr / hir

haýal / tiz
araf / cyflym

öl / gury
gwlyb / sych

ýýly / sowuk
cynnes / claear

uruş / parahatçylyk
rhyfel / heddwch

0	**1**	**2**
nul	bir	iki
sero	un	dau

3	**4**	**5**
üç	dört	bäş
tri	pedwar	pump

6	**7**	**8**
alty	ýedi	sekiz
chwech	saith	wyth

9	**10**	**11**
dokuz	on	on bir
naw	deg	un deg un

12

on iki

un deg dau

13

on üç

un deg tri

14

on dört

un deg pedwar

15

on bäş

un deg pump

16

on alty

un deg chwech

17

on ýedi

un deg saith

18

on sekiz

un deg wyth

19

on dokuz

un deg naw

20

ýigrimi

dau ddeg

100

ýüz

cant

1.000

müň

mil

1.000.000

million

miliwn

iñlis
Saesneg

amerikan iñlis
Saesneg America

mandarin hytaý
Tsieinëeg Mandarin

hindi
Hindi

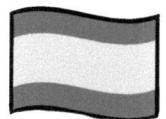

ispan
Sbaeneg

fransuz
Ffrangeg

arap
Arabeg

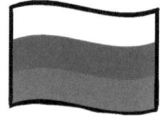

rus
Rwseg

portugal
Portiwgaleg

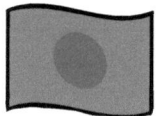

bengal
Bengali

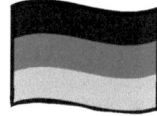

nemes
Almaeneg

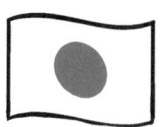

ýapon
Siapanaeg

men
fi

sen
ti

ol (oglan) / ol (gyz) / ol
(jansyz zat)
ef / hi

biz
ni

siz
chi

olar
nhw

kim?
pwy?

näme?
beth?

nähili?
sut?

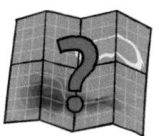

nirede?
ble?

haçan?
pryd?

ady
enw

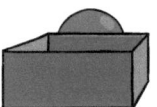

yzynda

y tu ôl i

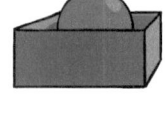

içinde

yn / yng / ym / mewn

öňünde

o flaen

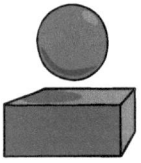

bir zadyň üsti

dros

üstünde

ar

aşagynda

dan

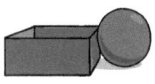

ýanynda

wrth ochr

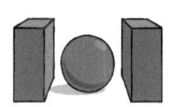

arasynda

rhwng

ýer

lle